AF253581

ÉLOGE HISTORIQUE

DE

MARMONTEL.

ÉLOGE HISTORIQUE

DE

MARMONTEL,

PRONONCÉ LE 29 SEPTEMBRE 1839,

A L'INAUGURATION DE SON BUSTE,

A BORT, SA VILLE NATALE,

Par M. Chasteau-Dubreuil,

SON COMPATRIOTE,

CONSEILLER A LA COUR ROYALE DE RIOM, MEMBRE DE L'ACADÉMIE DE CLERMONT ET DU CONSEIL GÉNÉRAL DE LA CORRÈZE.

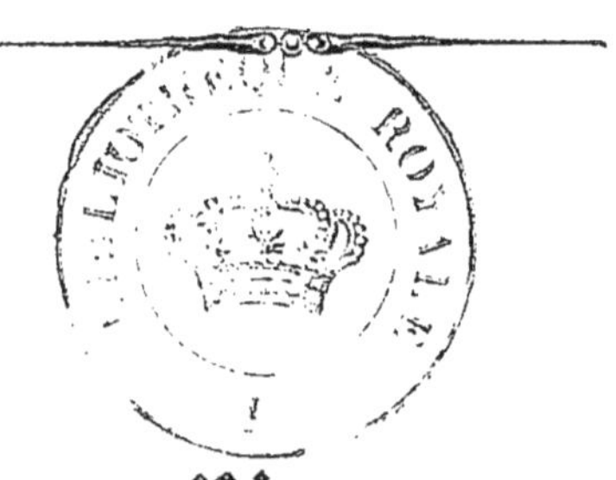

Riom,

IMPRIMERIE DE E. LEBOYER, IMP.-LIBR.,

RUE DU COMMERCE, N° 6.

1839.

ÉLOGE HISTORIQUE

DE

MARMONTEL,

PRONONCÉ LE 29 SEPTEMBRE 1839,

A L'INAUGURATION DE SON BUSTE,

A BORT, SA VILLE NATALE.

***

Messieurs,

IL y a, aujourd'hui, un peu plus de 116 ans, c'était le 11 juillet 1723, la femme d'un pauvre tailleur de Bort, possédant, par indivis, une petite maison dans la grand'rue, et une petite métairie à St-Thomas, mit au monde un fils, qui sem-

blait destiné à prendre et à continuer le métier de
son père. Mais cette femme, que le Ciel avait
douée d'une âme et d'un esprit supérieurs à sa con-
dition, avait encore eu le bonheur de puiser, dans
un couvent de religieuses, que Bort possédait alors
et que la Providence lui a rendu, l'amour de Dieu
qui élève l'âme, et quelque teinture des lettres
humaines qui développent l'esprit.

Son œil pénétrant démêla bientôt, dans ce fils,
d'heureuses dispositions, qu'elle prit à cœur de
cultiver ; mais le moyen ? La famille du tailleur s'é-
tait accrue, et sa misère était restée la même. La
tendresse est ingénieuse : les bonnes religieuses,
qui avaient appris à lire et à écrire à la mère, ap-
prirent à lire et à écrire à l'enfant ; et un bon prê-
tre de Bort, l'abbé *Vaissière*, lui donna les premiè-
res leçons de la langue latine. Tous ces rudiments
arides de la science, cet enfant les dévorait, comme
en se jouant.

La mère, malgré des succès aussi encourageants,
ne parvint qu'avec peine à décider le tailleur, qui
goûtait peu les lettres, à conduire leur jeune fils au
collége de Mauriac, alors tenu par les jésuites. Cet
enfant, après avoir commencé, là, sa quatrième, y
finit sa rhétorique. Il vécut, là, pendant quatre ans,
de pain bis, de fromage, et, dans ses grands jours
de fête, de quelques débris de viande salée, en-

voyés de Bort à rares intervalles, et pris sur la substance de la famille, qui s'imposait, avec plaisir, de continuelles privations, pour ce fils aîné, dans lequel la mère idolâtre voyait déjà, en espérance, l'appui de sa maison et peut-être l'honneur de sa ville natale.

Comme il était le plus fort de sa classe, c'était aussi pour lui qu'étaient toujours les premiers prix. Revenu à Bort, il déposait ses couronnes sur le front de sa mère ; et il avait raison, car c'était bien à elle qu'il les devait.

Sa rhétorique achevée, son père le plaça chez un riche commerçant de Clermont ; mais, soit nature, soit secrètes instigations de sa mère, il quitte bientôt le comptoir, fait sa philosophie, et, pour vivre, répète de jeunes écoliers. De là, il va d'abord à Limoges, où il reçoit la tonsure des mains de l'évêque, auquel sa mère avait écrit, et puis à Toulouse, où les jésuites, qui avaient pressenti son talent, l'auraient infailliblement enlacé dans leur puissante compagnie, sans les larmes et les prières de sa mère, qui ne voulut point qu'il fût ainsi perdu pour sa famille.

A Toulouse, notre jeune abbé, qui n'avait pas encore seize ans, professe la philosophie à de nombreux élèves aussi jeunes que lui ; renvoie, en peu de temps, à sa mère, dans le produit de ses

leçons, toutes les avances qu'elle avait déjà faites pour son éducation, et lui adresse, avec mille
lettres charmantes, ces fleurs d'or et d'argent qu'il
gagnait, chaque année, à l'académie des jeux flo-
raux, et dont elle parait ensuite, à Bort, les repo-
soirs de la Fête-Dieu, aux yeux de tous les ha-
bitants émerveillés.

Mais, à Toulouse, et c'est ce qui décida du sort
du reste de sa vie, à Toulouse, notre jeune abbé
lia correspondance avec Voltaire, qui, comme les
jésuites, mais dans un autre but, jetait aussi ses filets
sur les talents ; reçut de lui, avec une enivrante
fumée de gloire, ses œuvres corrigées de sa main ;
se détacha, par ses insinuations, de la carrière du
sacerdoce, et se décida, sur ses instances, à aller
à Paris, où ce prince des lumières, d'autres di-
raient peut-être des ténèbres, faisait briller à ses
yeux l'appui du prince de l'argent, du contrôleur-
général des finances, Orry.

Avant de partir, il voulut revoir Bort, où son
père venait de mourir. Je ne puis, Messieurs, vous
exprimer l'accueil que lui fit sa famille, que lui fit
toute la population. C'était à qui le serrerait dans
ses bras ! à qui le fêterait ! à qui aurait un mot de
lui ! Un mot de lui était, pour ses concitoyens,
comme une association à sa gloire. Mais sa mère !
cette femme du tailleur de Bort, à laquelle son fils

avait envoyé son exemplaire de Voltaire, et qui savait par cœur le second acte de *Zaïre* et tout le rôle de *Mérope*, cette bonne mère, un peu malade, fut tellement ébranlée par le plaisir de le revoir et par le chagrin de le quitter, qu'elle mourut peu de temps après son départ.

Ce jeune homme, et je ne puis le comprendre, une fois parti pour Paris, ne revint plus à Bort, où il avait, cependant, laissé tant d'enthousiasme et de regrets, et, il le dit lui-même, un peu d'amour.

Arrivé à Paris, il trouve Orry, le contrôleur-général des finances, en disgrâce ; et voilà ses espérances évanouïes. Sa fierté, qui lui fit refuser la bourse de Voltaire, le réduisit, pour quelque temps, à de dures extrémités. Dans sa chambre du 4me étage, rue *des Maçons*, il n'avait, pour tout mobilier, qu'une chaise, un lit de paille et une cruche, dans laquelle il allait lui-même chercher son eau ; et, pour obtenir sa mince nourriture du jour, il lui fallut implorer le crédit de la fruitière et du boulanger.

Pressé par le besoin et entraîné par les conseils de son patron, il se jeta dans les compositions théâtrales ; mais il se prit d'abord à l'œuvre la plus difficile, à la tragédie. Aussi, malgré quelques succès éphémères, il ne trouva, là, ni fortune, ni gloire. Ce fut, à cette occasion, que, dans les répétitions, se mêlant aux acteurs, à ce peuple séduisant et volage, il se lia avec la célèbre *Clairon*, qui, cette fois, fit preuve, comme lui, d'une longue constance. Avec sa taille élevée, sa figure vive et distinguée, ses belles manières, son esprit ouvert et gracieux, ce Limousin de vingt-quatre ans était fait pour réhabiliter sa province, que Molière avait chargée; il devait plaire, même à Paris, et il y plut bientôt dans un plus grand monde que celui des théâtres.

Je le vois accueilli par mesdames *de Tencin, du Deffant* et *Geoffrin*, dans ces réunions et ces dîners célèbres, où ses saillies de bon goût étaient applaudies par Vauvenargues, Fontenelle, Raynal, Helvétius, Duclos, Thomas, Buffon, Montesquieu, J.-J. Rousseau, Diderot et d'Alembert, par tous ces hommes supérieurs, sinon par la vertu, du moins par l'esprit ou le génie, et qui, à la suite de Voltaire, dominaient alors et entraînaient la société française. Je le vois accueilli à la cour voluptueuse de la marquise de Pompadour et de son royal amant, qui, lui aussi, par l'exemple de ses mœurs, dominait malheureusement et entraînait la France vers une dissolution prochaine.

Grâce à la bienveillance de la marquise de Pompadour, de cette reine illégitime de France, le fils de l'artisan de Bort obtint, pour son beau-frère, Odde, le grenier à sel de Saumur, et pour lui-même, d'abord le secrétariat des bâtiments, et puis, la direction du *Mercure*, qui, pour sa part, lui rapporta, long-temps, de 15 à 18 mille livres de rente. Sa fortune, avec laquelle il se plaisait à répandre l'aisance et le bonheur dans la famille qui lui restait à Bort, sa fortune étant ainsi définitivement assurée, il se livra, tout à son aise, à son goût pour les lettres.

Bientôt et successivement, s'écoulèrent de sa plume élégante et facile, comme de leur source, une foule d'*opéras comiques*, petits chefs-d'œuvre du genre, que le temps et la mobilité de notre goût français n'ont pas fait oublier; *Bélisaire et les Incas*, romans poétiques et hardis, dont l'un suscita des orages, et qui offrent, tous deux, des pages éloquentes; *la traduction française de la Pharsale de Lucain*, ouvrage qu'il composa sous les verroux de la Bastille, où l'avait fait enfermer un acte de délicatesse et de courage; *les Elements de littérature*, qu'il jeta d'abord, çà et là, pour l'embellir, dans cette vaste construction de l'Encyclopédie, véritable tour de Babel de la science humaine, et qui, réunis, plus tard, en corps de doctrine et sous forme de dictionnaire, laissent voir, à l'œil exercé du connaisseur, à côté de quelques appréciations demeurées paradoxales, une force d'analyse et de pénétration, une finesse d'aperçus, que n'égale

point le cours, plus classique pourtant et plus po-
pulaire, de la Harpe.

Mais, selon moi, c'est dans quelques parties de
ses *Mémoires* et surtout dans ses *Contes moraux*,
que brillent avec plus d'éclat ses titres à la célébrité.

Oui, sans illusion de compatriote, ce fils de la
femme du tailleur de Bort, je le regarde, après
Voltaire, comme l'un des plus agréables conteurs de
France. Il n'a pas, je le sais, cette vigueur puissante
de la pensée, cette hauteur sublime du sentiment,
qui ne semblent faites que pour la taille de Bossuet
ou de Corneille ; mais la partie délicate de l'homme,
mais le côté fin des choses, sa main les touche avec
un charme irrésistible, qui, suivant le sujet, excite
le sourire ou provoque les larmes. Ce talent, ori-
ginal dans sa facilité même, cette imagination à la
fois douce et vive, semble avoir retenu, du commerce des femmes, qu'il aimait, toute la grâce de
leur esprit, toute la tendresse de leur âme.

Ses ouvrages, qu'applaudissait la France, reçu-
rent aussi les félicitations des cours de Suède, de
Prusse et d'Autriche. Des mains habiles s'empres-
sèrent de les faire passer dans toutes les langues de
l'Europe ; et celles mêmes de la célèbre impératrice
de Russie, Catherine II, daignèrent s'employer à en
traduire une partie en langue moscovite.

La place d'un tel homme était marquée au sein de

l'Académie française, et il en devint, bientôt, l'un des membres les plus distingués ; car, parmi toutes les illustrations de cette grande société littéraire, il eut l'honneur d'être nommé, par elle, secrétaire perpétuel, et, par le Roi, historiographe de France.

C'est pendant cet intervalle, qu'à l'âge de cinquante-quatre ans, il épousa la jeune nièce de l'abbé Morellet, mademoiselle de Montigny, et qu'il eut trois fils, pour lesquels il écrivit ensuite, et parfois avec trop d'abandon, l'histoire de sa vie.

Le char révolutionnaire, auquel, comme tant d'autres des grands écrivains de l'époque, il avait peut-être un peu travaillé sans le vouloir, le char révolutionnaire lancé, peu après, sur le sol français, brisa sa fortune, en brisant le trône d'où découlaient ses pensions. Le département de l'Eure, où il s'était fixé à la suite de cette tourmente politique, le députa au Conseil des Cinq-Cents ; et après une existence mêlée, vous venez de le voir, d'embarras, d'opulence, de plaisirs, de gloire et de misère, retiré au hameau d'Ableville, dans une chaumière qu'il avait achetée et qui ne valait pas sa petite maison de Bort qu'il avait vendue, il mourut, là, le 31 décembre 1799, âgé de soixante-seize ans, pauvre et isolé, mais au milieu des consolations et des riches espérances que son âme avait heureusement retrouvées, sur la fin de sa vie, dans la religion de sa mère.

Cet homme, j'ai dit sa vie, et je n'ai pas encore
dit son nom; mais vous le voyez écrit, en lettres
d'or, sur le marbre qui reproduit, ici, ses traits,
et qui immortalise sa mémoire.

Pères et mères de Bort, qui m'écoutez, à l'exemple de sa mère, prenez, s'il le faut, sur votre né-
cessaire, de quoi fournir à l'éducation de vos enfants. L'éducation, vous le voyez, c'est aussi la
fortune, et quelquefois la gloire. Le sein de Bort,
en produisant Marmontel, ne s'est point épuisé :
oui, si vous suivez l'élan d'amour que cette fête
patriotique doit vous donner pour vos enfants, oui,
peut-être, un jour, le buste en marbre d'un de
vos fils, ciselé, aux frais de l'Etat, par le statuaire
du roi, sera aussi dressé à l'autre extrémité du
quai de Bort; et une voix plus digne, mais non plus
heureuse que la mienne, fera aussi retentir les airs
de son éloge!

Gloire à MARMONTEL ! *vive* BORT !